PLAN

D'UNE

NOUVELLE CONSTITUTION,

OU

*Essai sur une nouvelle Administration
Générale & Patriotique pour le Royaume
de France.*

Chacun devroit se pénétrer de ce principe : pour bien consolider un édifice 1°., il faut en assurer les fondemens avant de travailler aux dispositions intérieures. 2°. Il faut élever l'édifice. Le meilleur fondement de l'édifice constitutionnel est la création de la forme d'un gouvernement tel qu'on le puisse demander.

L'édifice constitutionnel que je propose, est l'établissement de quatre Classes d'Assemblées, qui gouverneroient entièrement le Royaume. Les dispositions intérieures dudit édifice, sont les Règlemens.

NOUVEAU PLAN

DE LA VÉRITABLE

CONSTITUTION,

Qui assureroit à chaque Citoyen son bonheur, ainsi que celui de la Nation.

Il faut aller au fait, & non verbiager.

Les droits de l'homme confistent dans la connoiffance & la confervation de fa propriété.

Ce n'eft que par une excellente Conftitution, c'eft-à-dire une parfaite adminiftration que l'on pourra affurer à chaque Citoyen ce qui lui appartient. On ne peut reconnoître les droits, les propriétés de chacun, ailleurs que chez lui,

Perfonne autre que lui-même ne peut mieux les reconnoître, les défendre & les conferver. Or, pour établir cette Conftitution, cette bonne adminiftration, qui puiffe confolider la paix, le bonheur de tous les individus quelconques de l'Etat, il faut partager cette adminiftration générale en diverfes Claffes ou Chambres d'Affemblées auxquelles tous les Citoyens puiffent participer, foit par eux-mêmes, foit par des Repréfentans choifis librement entr'eux. Il faut que ces diverfes branches d'adminiftration foient compofés du premier comme du dernier des Citoyens, chacun dans fa claffe refpectives.

La première opération eft de compofer ces diverfes Chambres d'adminiftration, enfuite de les bien organifer : je les dénomme Affemblées.

Je penfe qu'il en faut de quatre efpèces ; favoir :

1°. Affemblées de Paroiffes ou de Communautés.

2°. Affemblées de Diftrict ou de Département.

3°. Affemblée Provinciale.

4°. Affemblée Nationale, ou Sénat François.

Pour bien organifer ces quatre branches d'adminiftration, il faut d'abord reconnoître la validité des deux fortes d'Affemblées exiftantes, celles provinciales & celles de départemens : toutes deux ont befoin de la fanction de l'Affemblée Nationale. Leur validité une fois reconnue, on formeroit les deux autres avec leur fecours ; ce qui eft bien effentiel pour opérer tout le bien que l'on defire. Je regarde l'Affemblée Paroiſſiale ou de Communauté comme de la plus grande néceſſité, & faiſant la baſe de tout l'édifice conſtitutionnel.

C'eſt du bonheur de chaque individu, que peut naître le bonheur général.

Pour reconnoître les principes de ce bonheur individuel, il faut aller à ſon origine. L'origine du bien de l'Etat eſt dans les campagnes ; chez l'artiſan, dans la claſſe la plus indigente du Peuple, cette claſſe ſi utile. On ne pourra jamais opérer ce bien ſi deſirable, qu'en formant des Aſſemblées paroiſſiales ou de Communautés. Si les paroiſſes ſont trop petites, on en joindra deux ou trois pour compoſer une ſeule Aſſemblée ; le nombre des individus régleroit la conduite à tenir à ce ſujet ; de même, ſi la Paroiſſe étoit trop conſidérable, on la diviſeroit en pluſieurs Aſſemblées, qu'on appelleroit Aſſemblées de Communautés.

Lors de la formation des deux Aſſemblées Provinciales & de département, il a bien été queſtion de celles Paroiſſiales ou de Communautés, autrement appelées Municipales ; mais on s'y eſt ſi mal pris, qu'on n'a pas pu faire entendre raiſon aux habitans des campagnes, naturellement défians, ſouvent avec juſte raiſon, ſur tout ce qui provient du Gouvernement, des Intendans, enfin de tout ce qui eſt au-deſſus d'eux. De plus, perſonne ne s'eſt donné la peine de chercher à s'attirer la confiance néceſſaire à l'établiſſement d'une pareille & ſi bonne inſtitution ; on ne peut douter qu'à préſent on en vienne aiſément à bout, ſi les Aſſemblées Provinciales & de départemens veulent réellement y coopérer.

Il eſt impoſſible, en ce moment, de faire les diviſions parfaites de l'étendue de terrein ; de répartir la quantité égale de Citoyens dont chaque Aſſemblée ſeroit compoſée, ſuivant ſa claſſe. Il faudroit avoir le plan exact & détaillé de tout le Royaume, & un juſte dénombrement de ſes habitans. On ne pourra parvenir à cette perfection, que d'après le travail que feroient pour cela les Aſſemblées Provinciales, coopérativement avec celles de Départemens à préſent exiſtantes.

Leur première opération doit être d'abord de bien faire reconnoître & ſtatuer les limites préſentes, & l'étendue de la juriſdiction de chaque Aſſemblée Provinciale exiſtante ; enſuite en faire autant pour chaque Aſſemblée de département, pour répartir, le plus également poſſible, la quantité de paroiſſes qui leur ſeroient ſubordonnées. Avant tout, il faudroit que Meſſieurs de l'Aſſemblée Nationale des Etats-Généraux ordonnaſſent une convocation générale de chaque Assemblée provinciale & de département, que chacune en fît, dans son canton, la plus juste répartition possible, qu'on y décidât leur pouvoir, leur étendue, enfin leur organisation, le tout sanctionné par l'Assemblée Nationale des Etats-Généraux. Une des premières opérations de chaque Assemblée Provinciale, seroit de se composer, de choisir librement son Président & les autres Officiers: ensuite un de leurs Membres, pour composer l'Assemblée Nationale ou Suprême de l'Etat.

Le Sénat François seroit toujours en activité; cette création est nécessaire pour la Nation. Cette Assemblée Nationale, qui remplaceroit celle des Etats-Généraux, seroit formée par la réunion des Représentans de toutes les Assemblées Provinciales.

Tandis que les Assemblées Provinciales formeront celle Nationale en question, les Assemblées de Département créeront celles de Paroisses ou de Communautés.

Comme chaque classe d'Assemblée forme un article séparé, je crois inutile de parler ici de leur organisation.

On ne doit pas s'attendre à trouver une perfection dans la création de cette nouvelle administration. Jamais institution n'a été parfaite dans son commencement, mais je suis très-convaincu qu'avec de la continuité & de l'encoura-

A 4

gement, on ne pourra en reffentir que des effets très-fatisfaifans.

Tous les Membres compofans ces quatre claffes d'Affemblées, feront renouvelés tous les trois ans. La continuation d'un Membre dans fa place, dépendra de fa bonne conduite, de l'eftime & de la confidération qu'il s'y fera acquife. Je crois effentiel de partager ce renouvellement total en trois parties ; le tiers de chaque année feroit changé. Il n'eft pas poffible en ce moment de faire un choix parfaitement équitable des plus méritans pour remplir chaque place. Par le moyen que je propofe, on ne craindra pas une longue & mauvaife adminiftration de la part des gens qui fe feront conduits, foit méchamment, foit ineptement, pendant le temps de la tenue de leur place. Au refte ce fera un petit mal momentané pour un grand bien futur ; le mal d'à préfent ne peut être pire. Toutes ces diverfes Affemblées peuvent être formées au bout d'un mois après la première Ordonnance à ce fujet ; je crois que c'eft le feul moyen d'arrêter les défaftres qu'on effuye, & dont les nouvelles finiftres apportent chaque jour l'alarme & la conteftation dans l'ame de tous les Citoyens honnêtes & fenfibles.

Je prie mes Lecteurs de bien faire attention à la première claffe d'Affemblées, dites paroif-

ffales ou de communautés. On ne fauroit trop
s'intéreffer à fa parfaite organifation ; c'eft d'elle
que dépendra le fort de tout le Royaume. Si
l'on peut y parvenir, ce qui eft très-poffible, on
verra renaître les mœurs fi defirables de nos
premiers pères : l'amour de la patrie, le bon
ordre diffipera les abus de tout genre; les mœurs,
font cette fource pure feule capable de purifier
l'Etat. Sans mœurs, l'Etat ne conferve plus cet
enfemble précieux ; c'eft un vaiffeau fans pilote
qui ne tient plus de route certaine. Cette claffe
d'Affemblées de paroiffes ou de comités, releveroit
& dépendroit entièrement de celles de Départemens, que je regarde comme faifant partie des
Affemblées provinciales.

J'eftime que chaque Affemblée de Département auroit environ de cent à cent cinquante
paroiffes dans fon diftrict, fous fon infpection
& fa direction.

Chaque Affemblée Provinciale auroit environ
dix Affemblées de Départemens, également fous
fon infpection & fa direction. L'Affemblée Nationale infpecteroit, gouverneroit le Royaume conjointement avec le Roi, qui en feroit le Chef &
le Préfident perpétuel ; il y choifiroit fes Miniftres,
fans crainte d'être trompé. Son choix feroit
d'autant plus honorable pour eux, qu'il auroit
la fanction de la Nation, fans ceffe repréfentée

par l'Assemblée Nationale, qui partageroit avec le Souverain le fardeau de l'Etat.

Que de graces n'avons-nous pas à rendre au Ciel, de nous avoir accordé un Monarque doué d'un cœur aussi bon, aussi droit, & aussi bienfaisant ! Supplions-le de nous le conserver long-temps, & dans les mêmes dispositions. — Par le plan que j'annonce, le Roi & la Nation ne faisant qu'un, dirigés par le même esprit, ne peuvent manquer d'opérer le bien général, & se rendre réciproquement heureux par l'accord qui les uniroit. Je crois inutile d'énoncer les droits respectifs des Citoyens de toutes les classes ; chacun d'eux saura les reconnoître & les faire respecter. Il sera même impossible d'empiéter sur ceux d'autrui, d'après l'enchaînement de ces quatre classes d'administration, toutes liées ensemble pour le bonheur commun. Avec une telle administration, le bien se manifestera sous mille formes différentes. Le remède s'administrera aussi-tôt après le mal arrivé. Ceux qui seroient chargés de veiller sur chaque partie de l'administration, trouveroient aisément, & tout de suite, moyen de faire droit à qui il appartiendroit, de soulager les malheureux dans tous les accidens imprévus. Jusqu'à présent un misérable, dénué de tout, peut mourir de faim avant qu'il ait pu parcourir les espaces intermédiaires pour arriver jufqu'aux perfonnes prépofées pour le fecourir. Je fuppofe à ces Prépofés de bonnes intentions.

Avec une telle adminiftration, combien d'heureux établiffemens ne s'éleveroient pas ? Que d'encouragemens pour les Arts, les Sciences en tout genre ? Le mérite guidera le choix pour l'obtention de toutes les places quelconques, tout fe faifant par élection, depuis la place la plus fubalterne, jufqu'à la plus élevée.

Si l'on veut réfléchir attentivement à cette fuite d'adminiftration, on ne pourra s'empêcher d'admirer les bons effets qui en proviendront néceffairement & naturellement. Chaque individu participeroit au gouvernement, foit directement, foit indirectement : tout le monde foupire & crie après fa liberté; il la trouvera enfin, puifqu'il jouira de celle qui rend heureux.

On verra à la fuite de cet Ouvrage plufieurs projets bien effentiels.

Une nouvelle formation de Conftitution Militaire.

Une nouvelle méthode fimple & facile à exécuter pour obtenir des revenus de l'Etat, plus confidérables que par le paffé, & moins onéreux pour le peuple.

Un moyen facile d'abolir la mendicité & la faire tourner au profit de l'Etat, en procurant le bonheur des mendians & des autres miférables,

Par la forme de cette adminiftration, feront ftatués les articles fuivans.

La déclaration & foutien des droits de l'homme, individuellement.

Les droits de la Nation, les droits du Roi.

Les formes néceffaires pour l'établiffement des Loix, enfuite leur exécution.

Une nouvelle Conftitution militaire, article à part.

Enfin, puiffent mes vues patriotiques encourager mes Concitoyens à perfectionner ces divers plans d'amélioration, que je propofe pour le bonheur général de ma Patrie. Je les invite à m'éclairer en me faifant part de leurs lumières fur tout ce qui concerne cet Ouvrage : ce fera une obligation que leur en aura la Nation plutôt que moi.

ASSEMBLÉES

PAROISSIALES,

DE COMMUNAUTÉS,

OU MUNICIPALES.

MANIÈRE

DE COMMENCER L'ÉTABLISSEMENT des Affemblées Paroiffiales, de Communautés, ou Municipales.

UN Notable du canton, Membre de l'Affemblée de Département dont la Paroiffe dépendroit, feroit annoncer, quelques jours d'avance, que tous les habitans euffent à s'affembler un tel jour, afin de coopérer enfemble à l'élection libre de fix Membres pris entre eux, pour former un Comité de Paroiffe ou de Communauté, &c. Cette annonce pourroit être faite par le Curé au Prône, & affichée à la porte de l'Eglife. Voici à-peu-près la forme & teneur de la lettre que leur liroit celui qui feroit chargé de cette formation.

» MESSIEURS,

» L'Affemblée Nationale des Etats-Généraux
» ayant décidé que pour établir une folide &
» heureufe Conftitution, il étoit néceffaire de
» créer quatre efpèces de Chambres d'Adminif-
» tration pour toutes les claffes des Citoyens de

» l'Etat, la première feroit nommée Paroiffiale, de
» Communauté, ou Municipale, laquelle rele-
» veroit de l'Affemblée de Diftrict ou de Dépar-
» ment, dont la formation déjà faite & connue,
» dépendroit de celle Provinciale, dont elle
» feroit partie, laquelle vous eft auffi connue.
» Ces trois claffes gradatives d'Adminiftration,
» feront gouvernées par une Affemblée fupé-
» rieure, dite Nationale, ou Confeil fuprème
» de l'Etat, laquelle fera toujours exiftante. En
» conféquence de mes pouvoirs, émanés de MM.
» des Etats-Généraux, je fuis chargé de vous
» annoncer fes intentions. Il vous eft ordonné,
» à tous habitans de cette Paroiffe, de vous
» affembler, afin de choifir librement, à votre
» gré, fix perfonnes fur la confiance defquelles
» vous puiffiez entièrement vous repofer. Elles
» compoferont votre Affemblée dite Paroiffiale,
» de Communauté ou Municipale. Leurs fonc-
» tions feront de vous repréfenter dans toutes
» les occafions requifes pour votre bien, de
» porter vos Plaintes, Doléances, Remontran-
» ces, &c. à l'Affemblée de Département ou
» Diftrict dont vous dépendrez, afin qu'elle y
» puiffe faire droit. Ce Comité paroiffial devien-
» dra votre première Jurifdiction; il fera chargé
» de tout le détail de votre Adminiftration dans
» toutes fes parties, comme de la police de la
» Paroiffe,

» Paroiffe , des corvées ; de la répartition &
» prélèvement des impofitions.

» Votre Seigneur ou fon Repréfentant , &
» votre Curé , préfideront quand ils feront en
» perfonne à votre Comité : mais votre Seigneur
» aura la préféance fur le Curé. A leur défaut ,
» le plus ancien d'entre vous , ou même la per-
» fonne que vous aurez choifie , vous préfidera.

» Vous êtes priés d'obferver envers tous les
» Membres de ce Comité , la plus entière défé-
» rence ; vous refpecterez en eux le caractère
» facré de vos Repréfentans. Vous pouvez tous
» afpirer à l'honneur de devenir Membre de ce
» Comité ; ce fera à vous à le mériter ».

On ne fauroit trop s'intéreffer à cette claffe
d'Affemblée de Paroiffe ou de Communauté. De
fa parfaite organifation dépendra le bonheur de
tous les Citoyens pris en particulier ; & du bonheur de chaque particulier , dépendra néceffairement celui général de la Nation.

Fonctions de cette Affemblée.

Cette Affemblée feroit chargée de tout ce qui
regarderoit la police de détail , du prélèvement
des droits & de toutes efpèces d'impofitions, de
leur répartition & perception.

Cadaſtre à faire.

La première opération de cette Aſſemblé, ſeroit de faire le Cadaſtre de la Paroiſſe ; chaque habitant ſeroit obligé de déclarer tous ſes biens ; on en feroit auſſi tôt un tableau, qu'on expoſeroit publiquement ; ce tableau comprendroit le nom de chaque habitant, ſon état, ſa qualité, celle de ſon bien, avec ſa valeur.

Tous les feux & ménages ſeroient numérotés, pour mettre plus d'ordre dans le tableau. Quant aux Ouvriers ou Artiſans ſans poſſeſſion, on feroit une eſtimation de leur gain pendant une année, pour pouvoir ſtabler leur taxe & impoſition : cette eſtimation ſe feroit ſur la Paroiſſe même, par des Habitans du lieu, & Experts. chacun pourroit comparer, ſur le tableau expoſé, ſes impoſitions avec celles de ſes voiſins, réclamer auprès du Comité ſes droits, s'il les croyoit léſés.

Obſervations.

Après la connoiſſance de ſon propre bien, perſonne autre que des voiſins ne peut mieux la connoître.

Naturellement on s'intéreſſe à ce qui nous

touche le plus après la parenté. Si chacun fe furveille mutuellement, il n'eft guère poffible de cacher fa conduite; en voyant l'impoffibilité de le faire, le méchant chercheroit forcément à fe corriger.

L'Affemblée en queftion fe tiendroit chez le Seigneur ou fon Repréfentant, chez le Curé, chez le Syndic, ou chez le principal Habitant, Membre dudit Comité, ou à tout autre défaut, dans l'Eglife de la Paroiffe.

Le Syndic Receveur & Collecteur, fes charges, &c.

Le Syndic de l'Affemblée paroiffiale feroit Membre de l'Affemblée; il feroit à la fois le ollecteur & Receveur des droits, &c. Un même Collecteur pourroit fervir dans plufieurs Paroiffes; il feroit obligé de porter, au moins deux fois par an, fa collecte dans le tréfor du Déportement, où il en prendroit un reçu. Il feroit à defirer que le Seigneur du lieu, ou, à fon défaut, le plus riche Habitant, fût le dépofitaire & folidaire de la recette des impôts de toutes efpèces, parce qu'il eft plus en état de répondre, & qu'il feroit intéreffé d'y veiller.

Le Collecteur feroit obligé d'expofer publi-quement un tableau, fur lequel feroient fpécifiés les noms des contribuans, la fomme , & la caufe ou le genre de leur contribution , & ledit tablaeu feroit toujours figné du Receveur.

Le Comité s'affembleroit tous les Dimanches & Eêtes , même dans le courant de la femaine , fi le befoin le requéroit. Pour l'ordinaire , ce feroit après la Meffe ; tous les habitans pourroient y affifter, mais avec une févère injonction d'obferver le plus profond filence. Ileft bon qu'on s'inftruife , fur-tout quand on eft intéreffé ; mais il eft néceffaire auffi de ne point nuire à perfonne dans fes opérations.

Chacun pourroit y porter fes plaintes, accufation , griefs , y défendre fes droits : ce Comité deviendroit un Tribunal jufte & falutaire à profpérité des habitans qui y feroient foumis ; on verroit difparoître une quantité incroyable de diffentions , contentions , excitées , pour la plupart , par des gens intéreffés à les fufciter & à les alimenter. Pour bien juger , il faut connoître les contendans & l'objet de la contention. Les Membres du Comité paroiffial , devenus les Juges naturels de leurs endroits , connoîtroient bientôt le fond du procès ; & auffi-tôt qu'ils en feroient inftruits, ils pourroient , avec équité, rendre une Sentence préliminaire en faveur de qui il feroit dû.

Plus un fait est examiné subito & sur les lieux, moins il est dénaturé. M. Bergaffe, dans son dernier Mémoire patriotique, &c., a bien raison de dire, qu'*après avoir travaillé, écrit des in-folios pour traiter l'article des Loix, & les améliorer, on finiroit par revenir à laiffer juger tous les différends, les procès, par les Pairs des coutenduns.*

Il est bien sûr que ces Pairs feroient plus au fait de toutes les efpèces de contentions qui pourroient fubvenir entre eux ; la célérité & l'intégrité, certaines de leurs jugemens, feroient éciables. Comme il ne peut y avoir de règles générales, on feroit obligé de confulter les lieux & les circonftançes. La bonne confcience ferviroit de guide, & n'égareroit perfonne.

Manière de procéder.

Le plaignant iroit trouver le Chef du Comité, lui porteroit fa plainte; ce Chef feroit auffi-tôt vertir l'accufé, pour qu'il pût fe défendre : tous eux arrivés devant lui, il les écouteroit ; & il ne fe croyoit pas en état de les juger feul, remettroit la décifion à la féance prochaine u Comité. Chaque Partie pourroit y amener deux Citoyens du canton , qui lui ferviroient d'Avocat , & le Comité jugeroit.

Quand il y auroit un délit commis dans la Paroiffe , le Préfident & un autre Membre du Comité , enverroient un ordre figné d'eux deux , adreffé au Brigadier de Maréchauffée le plus voifin , pour venir enlever le coupable , & le mettre en lieu de sûreté ; on en donneroit auffitôt avis à la Jurifdiction la plus voifine , qui jugeroit le délinquant le plutôt & à moindres frais poffibles.

On ne devroit recevoir aucun mauvais fujet dans une Paroiffe ; au contraire , le faire ar ̂ r juger fans grace , mais avec juftice. Pour cela il faudroit exiger des nouveaux arrivés un certificat authentique de bonnes vie & mœurs·

Tous les Juges , foit accidentels , foit de profeffion , devroient fe pénétrer de cette même maxime , ni *tort* ni *grace*. Il faudroit infpirer tous les Membres , tant de ce Comité de Paroiffe , qu'à toutes les autres claffes d'Affemblées la plus grande concorde , la plus grande liberté & la plus parfaite égalité·

Tous les Dimanches & Fêtes , le Curé , o autre Prépofé , liroit aux Paroiffiens le Procès verbal de tout ce qui fe feroit paffé depuis l dernière lecture pareille.

Ledit procès-verbal feroit expofé à la porte de l'Eglife, une heure avant & après l'Office divin.

Cadaftre général de la Paroiffe, & Tableau d'impofition, &c. expofé publiquement.

Le tableau du Cadaftre général de la Paroiffe, feroit expofé publiquement, ainfi que l'état des perceptions levées & touchées dans la Paroiffe; ce que je trouve très-néceffaire pour mettre tout le monde au fait de ce qui fe pafferoit. Chaque tableau feroit mention de la récapitulation du montant de la recette fpécifiée dans le tableau précédent. Cette récapitulation feroit en tête du nouveau & préfent expofé Chaque Citoyen pourroit comparer fon impofition avec celle de fes voifins & autres de la Paroiffe.

Dans les féances du Comité, tous les habitans qui y feroient préfens, pourroient figner le Procès verbal de ladite féance.

Appointemèns fixés fur les lieux.

Comme on ne pourroit ftabler d'avance les appointemens des Officiers employés dans les

B 4

diverses Affemblées, ce feroit à chacune d'elle, n'importe de quelle claffe elle feroit, à arrêter lefdits appointemens ; mais il y faudroit l'attache de fon Affemblée fupérieure, par la voie de fon Repréfenté ; parce que, fuivant les lieux, la vie y eft plus ou moins chère. Lefdits appointemens feroient payés fur les lieux.

Formation des Affemblées fur les lieux.

Comme dans les Villes un peu confidérables, une feule Affemblée de Paroiffe ne fuffiroit pas, on feroit obligé de les divifer & fous-divifer. D'abord, les Affemblées de Département y fié-geroient. Outre cela, il faudroit y établir des Affemblées fubalternes de Communautés, &c. ; on les partageroit le plus également poffible par canton, de cent à cent cinquante feux ou mé-nages chacun ; alors, chaque limite reconnue, les habitans s'y raffembleroient comme dans les Paroiffe., & opéreroient de même.

Comme le Curé ne pourroit pas fiéger par-tout, chaque Comité feroit préfidé par un Mem-bre du Corps de l'Hôtel de Ville, ou de la Ju-rifdiction exiftante à préfent, ou bien il fe feroit préfider par un Membre choifi entre eux. Le même Syndic pourroit fervir pour toute la Ville en qualité de Receveur général de l'endroit ; il observeroit les mêmes règlemens que dans les Assemblées de Paroisses, par rapport à l'exposition publique de ses tableaux de recettes & dépenses. Je crois qu'il seroit convenable de convoquer ensemble, au moins une fois tous les trois mois, tous les Comités de la Ville ; on y liroit publiquement les Procès-verbaux faits depuis la dernière convocation, dans toutes les Assemblées particulières. Chacun seroit au fait de ce qui se passeroit & l'intéresseroit dans sa Ville ; tout le monde se connoîtroit, & cela ameneroit plus de liaison, d'amitié dans la société.

Fonctions civiles données aux Curés.

Je ne crains pas de donner des fonctions civiles aux Curés & autres Prêtres. Comme par leur principale institution ils sont obligés de se consacrer au bien de leurs Paroissiens, de les prêcher plus en exemple qu'en paroles. Je crois les rendre, par ce moyen, encore plus respectables & plus utiles. Dieu a dit : *aides-toi, & je t'aiderai*. Ce n'est pas par les seules prières que l'on peut se rendre agréable à la Divinité ; le travail est la plus belle offrande à lui faire. Les Curés & les Prêtres en doivent l'exemple au

Peuple : c'en eſt un bien méritant, que de s'occuper du bonheur de ſes Paroiſſiens & de ſes
Concitoyens.

Etabliſſement de Maîtres d'Ecoles.

Il ſeroit néceſſaire d'établir dans tous les Villages tant ſoit peu conſidérables, un Maître
d'Ecole, expert, approuvé par l'Aſſemblée de
Département ; ce Maître d'Ecole ſeroit chargé,
conjointement avec le Curé, de l'Inſtruction
chrétienne & civile des Paroiſſiens. Il faudroit
qu'il ſût bien le François par principes ; qu'il ſût
en état de l'enſeigner. Dans les endroits pauvres,
ce Maître d'Ecole ſeroit aux frais du Gouvernement ; par ce moyen, tous les habitans de la
France, diviſés par tant de dialectes différens,
ſe trouveroient réunis par un même langage :
article bien eſſentiel pour parvenir au bonheur
général. Combien d'inconvéniens n'entraîne pas
le défaut de s'entendre ? On diroit que chaque
Province de la France eſt une Nation étrangère,
ſéparée de la Capitale. Le Commerce, par le
moyen que je propoſe, y trouveroit infiniment
ſon avantage. On ne peut s'inſtruire que par la
communication réciproque de ſes idées, ſur-tout
des nouvelles ; pour y réuſſir, il faut entendre

les perfonnes avec qui l'on cmmunique, & par conféquent comprendre leur langage. On ne pourra y parvenir qu'en multipliant les Maîtres d'Écoles approuvés, & en les encourageant.

Abus qui provient de la différence du langage.

C'eſt de cette diverſité de dialecte dans les Provinces, que provient la différence ſi énorme & ſi condamnable dans les Coutumes, les Poids & Meſures de toutes eſpèces. Combien de ſujets de plaintes n'en réſulte-t il pas ? Cela cauſe de la défiance dans le Commerce ; ſi dix perſonnes y trouvent de l'avantage, dix mille y perdent.

AVIS PARTICULIER.

Il ſeroit bon, dans les temps d'alarmes, d'avoir un homme en vigie ou en ſentinelle, monté dans le clocher, ou dans l'endroit le plus élevé de la Paroiſſe, afin de prévenir tous les habitans du côté où eſt le danger : comme d'un nombre de brigands conſidérable, des animaux à craindre, le feu, &c. La perſonne en vigie commenceroit par tinter pour avertir ; enſuite, il frapperoit diſtinctement un coup, ſi le danger étoit à l'Eſt ou au Soleil levant ; deux coups pour le Midi,

trois coups pour l'Ouest ou le Couchant, &
quatre coups au Nord : ces avertissemens ferviroient également aux Villages voisins pour se
tenir sur leurs gardes.

Avantage d'exiger des Certificats des nouveaux arrivés.

Un des avantages d'exiger des certificats &
atreftations de tous les nouveaux arrivans dans
un lieu quelconque, est de faire déguerpir les
mauvais sujets, qui se fient à préfent sur leurs
protections, leur esprit, & les indignes détours
de la chicane, à l'abri defquels ils espèrent
demeurer impunis.

Je fuis très-convaincu que cette nouvelle forme
d'adminiftration intéresseroit bien particulière-
ment toutes les classes de l'Etat, & plus qu'on ne
fauroit l'imaginer.

Depuis le Souverain jufqu'au plus pauvre
Citoyen, tous tiennent à des êtres quelconques,
à une Patrie. La véritable Patrie de chacun, est
le lieu de fa naiffance ; c'est celui que l'on chérit
davantage, & l'on s'attache naturellement à tout
ce qui le rappelle. Après l'intérêt que l'on a pour
fa famille, on fe livre à celui de fes voifins.

Après la connoiffance de fon propre bien , on
s'intéreffe de celui qui l'avoifine. L'intéret perfonnel femble y être partagé ; il eft donc
plus porté que des Etrangers à lui rendre fervice : n'importe le motif, pourvu que le bien
réel s'opère. Or , le Repréfentant de plufieurs
Concitoyens , leurs voifins ; doit mériter, infpirer plus de confiance , que des Etrangers.
Si un de ces voifins eft chicanier , mauvais
fujet , il ne pourra jamais cacher , pendant
long-temps , fes défauts aux yeux clairvoyans
& intéreffés de fes voifins , fi fon fort en
dépend : avant qu'il pût vous nuire , il feroit
obligé de prendre garde à lui-même. Cette
crainte feule & continuelle , eft dans le cas
de le corriger & le forcer à devenir honnête
homme.

On verroit par la fuite l'éducation s'améliorer ; chacun veilleroit naturellement fur
l'enfance & la jeuneffe de fon vofinage ; chacun chercheroit à découvrir , à pénétrer fon
caractère futur , pour en avertir les parens',
& s'arranger lui-même en conféquence. On
doit fentir que le réfultat de cette forme d'adminiftration , entraîneroit inceffamment le bonheur de la race future , encore plus que de
celle préfente. Jamais une amélioration quel-

conque n'a procuré tout de fuite tout l'avantage qu'on pouvoit attendre.

J'eſpère que la réflexion de mes Concitoyens , entraînera leur décifion , & les déterminera à commencer ces opérations , ſi néceſſaires au bonheur général.

SUR LES NOTAIRES.

Pour éviter toutes fraudes sur les déclarations des biens qui ne sont pas oftensibles ; je voudrois que tous les Notaires fussent obligés de présenter chaque année, à l'Assemblée de Département, leurs Registres des Actes passés dans leurs Etudes pendant la dernière année. Il seroit même nommé des Commissaires par l'Assemblée de Département, pour contrôler lesdits Registres, même les Actes, à mesure qu'ils sont passés.

On pourroit imposer un droit d'un pour cent de la valeur mentionnée dans les Actes.

Je voudrois que tous Négocians, Banquiers, Marchands, enfin toutes les personnes qui ont en main le maniment des Finances, soit pour le Public, soit pour le Particulier, fussent soumis à la même règle.

Il seroit bien à desirer que toute usure fût sévèrement punie ; c'est une des causes de la ruine

runie des Particuliers, & par conféquent contraire
au bien de l'Etat.

Une autre caufe de la ruine des Particuliers,
eft le jeu des Loteries ; c'eft un abus de la bonne-
foi publique. Dans tout Etat policé, on défend
les jeux de hazard, comme contraires aux mœurs.
Le jeu des Loteries en eft un des plus horribles,
puifqu'il n'eft fondé que fur un appas des plus
féduifans, & prefque toujours trompeur : donc,
c'eft féduction. Le Gouvernement ne doit jamais
donner maurais exemple.

SECONDE PARTIE.

ASSEMBLÉES *de Département ou de District, regardés faifant parties des Affemblées Provinciales dont elles dépendent.*

Il eft inutile de parler de la compofition des Affemblées de Département, puifque cette claffe d'affemblée eft déja formée. Il feroit à défirer que l'on choisît les membres parmi ceux qui, attachés dans le çanton par des biens-fonds, y auroient féjourné pendant trois ans, & feroient reconnus, par leur mérite perfonnel, en état d'occuper dignement ces fortes de places. Tous les ans, le tiers feroit changé; enforte qu'au bout de trois ans, la totalité de l'affemblée feroit renouvellée.

Honneurs attachés aux places accordées au vrai mérite.

Je voudrois cependant que les perfonnes d'un vrai mérite fuffent continuées, & qu'il y eût un certain honneur attaché. Ces ré-

C

glemens procureroient à châque Citoyen
la facilité & l'efpérance de fe rendre, à fon
tour, utile à fa patrie. Il faudroit que l'affemblée fût toujours complette; qu'auffi-tôt
qu'une place viendroit à vaquer, elle fût
remplacée par un nouveau membre.

Il faudroit que ce membre eût l'attâche
de toute l'affemblée, & qu'il fût préfenté
par l'un d'eux; de plus, être avoué, par un
certificat authentique, de fon affemblée de
Paroiffe, Municipale ou de Communauté.

Les Corps d'Hôtel - de - Ville, affociés aux Affemblées, &c.

DANS les villes confidérables où il y auroit
un Corps d'Hôtel - de - Ville, comme Maire,
Echevins, Jurats, Capitouls, &c. ces perfonnes feroient regardées membres affociés de
cette affemblée ou de diftrict. Ils feroient
toujours obligés de communiquer, à l'affemblée, les procès-verbaux de toutes leurs
opérations.

Qualités & devoirs de chaque Député.

LE Député de l'affemblée de département à
celle provinciale feroit toujours regardé membre de celle de département; il feroit même

obligé d'y rendre compte de fa conduite, & de tout ce qui y auroit été mentionné concernant les intérêts de fon affemblée, qui auroit le droit de le dépofer s'il étoit reconnu affez coupable pour cela . l'affemblée de département en délibéreroit, & feroit droit.

Liberté , égalité & accord à obferver dans les diverfes Affemblees.

Il faudroit , parmi les membres de cette affemblée , comme dans celles des autres claffes, la plus grande égalité , la plus grande concorde & la plus parfaite liberté ; que les féances fuffent publiques : les honnêtes gens ne craignent jamais la publicité de leurs actions (1).

_____

(1) Il faut remarquer que , comme chaque affemblée de département, compofée de vingt-quatre Membres, d'un Syndic & Tréforier, & d'un Secrétaire - Greffier, faifant en tout vingt-fix perfonnes, feroient obligés de fe détourner fouvent de leurs affaires , pour fe livrer tout entier au travail de l'affemblée , lors de la tenue de leurs féances; il eft donc à défirer qu'un certain nombre de fes membres fût pris parmi les habitans de la ville où fe tiendroit ladite affemblée , pour toujours être préfent fur les lieux & en activité ; cela épargneroit bien de l'embarras au refte de l'affemblée , qui ne tiendroit fes féances qu'à des époques fixes.

Il y auroit une exception pour les délibérations qui demandent du secret, ce seroit à
l'assemblée à en décider.

Composition du Comité Permanent.

Je crois que six membres seroient suffisans
pour composer cette espèce de Comité Per-
manent, auquel se joindroient l'Hôtel-de-
Ville & la Justice du lieu. Leurs décisions
prises ensemble seroient toujours exécutées
provisoirement, & toujours ratifiées par la
totalité de l'assemblée, si elle les approuvoit,
quand elle tiendroit les séances.

Appointemens.

Au moins tous les trois mois, l'assemblée
seroit convoquée, pendant huit jours. Le
travail du dehors seroit réparti, à chaque
membre, suivant ses qualités, son mérite
& sa situation. Chacun d'eux auroit inspection sur une certaine quantité de paroisses
& autres assemblées de communauté; il recevroit là-dessus ses instructions de son assemblée de département.

Il est bien à désirer que l'émulation &
l'envie du bien dirigeassent continuellement
tous les membres de l'assemblée dans leurs

travaux, foit réunis, foit féparés; c'eft le feul moyen de fe rendre vraiment utile à la patrie.

Fonctions & droits des Affemblées des Départemens.

CHACUNE de ces affemblées de département ou de diftrict auroit, fous fon adminiftration, de cent à cent cinquante paroiffes, & pas plus de deux cents, & chacune de ces pa- roiffes feroit fur le pied de cent cinquante feux environ; ce réglement feroit fait par l'affemblée provinciale, parce qu'on ne peut donner là - deffus aucune regle certaine & générale pour un Empire auffi confidérable & auffi diverfifié, dans toutes fes parties , comme fe trouve actuellement le Royaume de France & fes dépendances. La premiere & principale fonction des affemblées de dé- partement, feroit de protéger celles paroif- fiales , & fur - tout de veiller fur ce qui regarderoit leur adminiftration , comme du réglement & obfervation de leur police en détail, fur leur jufte répartition des impôts , des corvées; fur la juftice particuliere rendüe , toujours provifoirement, dans chacune de ces affemblées paroiffiales; fur le foulage- ment des malheureux , le commerce du canton, &c. &c.

C 3

Maréchauſſée aux ordres de l'Aſſemblée.

Il y auroit toujours, dans la ville même, une brigade ſuffiſante de maréchauſſée aux ordres de l'aſſemblée de département ; en affaire de conteſtation, de police, de procédure intéreſſantes & difficile, cette aſſemblée ſe feroit aider par le Corps de l'Hôtel-de-Ville, & celui de la Juriſdiction de la ville.

On devroit regarder cette claſſe d'aſſemblée de département, comme ſecondaire des aſſemblées provinciales, pour les aider dans leurs fonctions, & faire exécuter leurs ordres & déciſions ; elles ſeroient aux aſſemblées provinciales ce que ſont les préſidiaux, les ſénéchauſſées aux parlemens, ou bien les ſubdélégués aux intendans actuels.

Compoſition des Hôtels-de-Ville.

Il ſeroit à déſirer que les aſſemblées provinciales formaſſent elles-mêmes le Corps d'Hôtel-de-Ville ; leur formation ſeroit la même par-tout, quant au réglement, mais non pas pour le nombre de leurs membres : l'état de ſituation des villes dirigeroit la conduite à tenir à ce ſujet. Je déſireyois que le

choix de ſes membres fût dicté par le ſeul
mérite perſonnel le mieux reconnu, ſans diſ-
tinction d'état ; on devroit avoir, pour principe, qu'il vaut mieux honorer ſon état,
que d'en être honoré. Ces Corps d'Hôtel-de-
Ville feroient membres honoraires, & ſié-
geans dans les aſſemblées de département,
même dans celles provinciales dans les grandes
villes où ils feroient établis.

L'aſſemblée auroit droit de faire rendre
compte, à tout citoyen du diſtrict, tel qu'il
fût, de ſa conduite, à répondre aux plaintes,
accuſations portées contre lui ; & ſi, par
conſidération ou autrement, l'aſſemblée con-
trevenoit à ce devoir, celle provinciale con-
damneroit ſa déciſion, & feroit droit à qui
il appartiendroit : la juſtice ne doit connoître
aucune perſonnalité.

Il faudroit que deux membres du Corps
de l'Hôtel-de-Ville fuſſent toujours prêts à ſe
tranſporter ſur les lieux où il ſe feroit
commis des délits conſidérables ; ils y feroient
les fonctions uſitées, à préſent, des officiers
de juſtice ; ils ne marcheroient que d'après
la demande formée par le Seigneur ou le
Curé, & deux membres du Comité paroiſ-
ſial ; au défaut du Seigneur ou du Curé, un
troiſieme membre dudit Comité y ſuppléeroit.

Il n'eft pas de ville, même de bourgs,
tant foit peu confidérables, où il ne fe trouve
un bâtiment deftiné, foit pour la juftice,
foit pour raffembler le Corps de l'Hôtel-de-
Ville. Les affemblées provinciales, & d'après
elles, celles de département en détermi-
neroient les deftinations & arrangemens à
prendre pour la tenue des diverfes chambres
de toutes les claffes d'adminiftration (1).

Les divers Corps de juftice & l'Hôtel-de-
Ville étant réunis, les affemblées provinciales & de département fixeroient le choix
& le nombre de perfonnes néceffaires pour
en compofer un feul Corps, felon la difpo-
fition & fituation de la ville.

Ce Corps auroit infpection fur toutes les
conteftations de quelques efpèces qu'elles fe-

---

(1) Par les difpofitions de ce nouveau genre de
gouvernement, les parlemens feroient fupprimés, d'après
le vœu général. Il n'eft perfonne qui ne regarde le Corps
Parlementaire, que comme nuifible à la Nation ; ce
Corps anti-monarchique, comme anti-patriote, ne prend
l'intérêt de la Nation que quand le fien y eft joint ; il
ne connoît que le fafte de l'autorité & ce qui peut le
flatter, il ne s'entoure des replis tortueux de la chicane
que pour être cenfé plus néceffaire ; enfin c'eft pour le
Royaume un fléau inventé par le defpotifme, & confervé
néceffairement par l'autorité.

roient , qui arriveroient dans la dépendance
de leur généralité.

Nom de Généralité à donner aux Assemblées de département.

Le nom de Généralité devroit être donné
à chaque canton dépendant d'une assemblée
de département.

La partie judiciaire étant débarrassée de
l'hydre à mille têtes , appellée la forme,
nom qui fait trembler tout honnête homme ,
ne se trouveroit plus qu'un travail simple &
facile à remplir. Ce n'est que l'attâche des
formes si contraire à l'équité, qui a néces-
sité le besoin des avocats & des procureurs ;
vice que pour cette raison, *de forme*, les gens
bornés croient très-nécessaire , & que l'on
conserve par ineptie & respect pour les
anciens , faux & fatals préjugés.

Je crois très-essentiel que tout registre,
excepté ceux concernant les affaires crimi-
nelles, & quelques autres que les diverses assemblées provinciales & de département ju-
geroient à propos de rendre secrets, fussent
livrés à l'inspection publique, sur-tout ceux
qui traiteroient de la comptabilité en toutes
ses parties. Il faudroit laisser à chaque as-

semblée provinciale & de département la
liberté de ftabler les appointemens, dédom-
magemens ; enfin, de tout ce qui regarderoit
la dépenfe de chaque employé, de quelqu'état
ou qualité qu'il fût.

Boîte publique pour les plaintes, placets, &c.

Je voudrois que, dans chaque ville où fe
tiendroit une affemblée de département, il y
eût une boîte publique, (femblable à celles
pour les lettres de la grande pofte) deftinée
pour recevoir les plaintes, placets, avis, &c.
de tous les citoyens quelconques. Cette boîte
pourroit être placée à l'Hôtel-de-Ville.

Le Préfident auroit feul la clef de ladite boîte.

A l'ouverture de chaque affemblée le préfident, avec un membre nommé à cet effet,
& le greffier, iroient, en cérémonie, ouvrir
ladite boîte, en prendre les papiers y con-
tenus, & il en feroit, tout de fuite, procès-
verbal devant l'affemblée réunie : on feroit
droit à qui il appartiendroit.

Tréfor ou caiffe du département.

Ce réglement pourroit auffi fervir pour
l'affemblée provinciale , comme tréfor na-

tional , ou de la recette générale du départe-
tement ; il seroit sous l'inspection de ladite assemblée. Je voudrois aussi que le trésorier-
membre de ladite assemblée , accompagné
du président & du maire ou chef de la ville ,
fissent ensemble une visite très-réguliere de
ladite caisse , à toutes les tenues des séances
de l'assemblée. Ce trésorier auroit soin de
rapporter, sur le bureau de ladite assemblée ,
l'état de la caisse, ainsi que son registre ; on
exposeroit aussi une copie de chaque tableau
de l'état de situation des paroisses & communautés dépendantes de ladite assemblée.

Arrangement des salles d'Assemblées.

Il seroit à désirer que , dans chaque salle
d'assemblée , il y ait une distance suffisante
des membres du tribunal avec la galerie, pour
éviter toutes gênes quelconques.

Il faudroit un autre tableau contenant un
état de situation de la ville , son partage en
communauté & divisions , la quantité de
feux dont elles sont composées , la quantité
d'hommes , de femmes & d'enfans ; ce seroit
un cadastre & dénombrement perpétuel qui
ne coûteroient rien à l'Etat , & qui seroient
bien utiles.

Sous toutes les faces qu'on envifage la
meilleure méthode de lever, le plus équita-
blement poffible, les revenus néceffaires à
l'entretien des établiffemens, & fubvenir à
tous les frais, je crois cette méthode meilleure
que toutes celles qui ont paru, parce que
le premier foin eft de bien affeoir les impofitions (1). Pour les bien affeoir, il faut prendre
une connoiffance exacte & détaillée de tous
les individus contribuables, ainfi que de tous
les objets fufceptibles d'impofitions. Pour les

───────────────────────

(1) On a cru mettre un frein à nos abus fans nombre,
provenus dans la perception des impofitions, &c. En
créant des commiffaires particulierement chargés des rôles
pour les tailles, de la taxe des impôts, &c. Mais il eft
bon d'obferver que ces commiffaires, gens dévoués entiérement aux intendans, de qui dépendent uniquement
leurs places, ne peuvent, pour reconnoiffance pour leurs
chefs, & plus encore par intérêt perfonnel, s'oppofer
à fes volontés manifeftes, & mifes en exécution par les
fubdélégués de ces mêmes intendans. Tous ces divers
employés, dont les intérêts font communs, mais non ap-
parens, ne font que trop intéreffés à foutenir les abus
en tous genres, qui proviennent de leur geftion con-
certées entr'eux ; auffi eft-il fi aifé, à un intendant, de
fe mettre à l'abri de toute pourfuite juridique, puifque
toutes les perceptions font en leur nom & en leur dépendance, & qu'eux feuls poffedent les regiftres qui les
conftatent.

bien connoître, il faut être fur les lieux,
les fuivre. Ce ne peuvent être des charges
de pouvoirs par le gouvernement, ni par les
parlemens, ni par les intendans, à qui l'on
puiſſe confier ce ſoin important. Nous ſommes
tous les jours convaincus que toutes ces perſonnes font ſuſpectes, parce qu'on ne peut leur
faire rendre aucun compte; au lieu qu'en laiſ-
fant agir les diverſes aſſemblées, chacune dans
ſon diſtrict, on verra une plus grande har-
monie & une plus grande juſtice dans les
opérations générales & particulieres.

Je penſe que l'impôt le plus juſte eſt celui
territorial & individuel.

Tout étant connu dans l'état, poſſeſſion &
propriétaire, la conſommation & les con-
ſommateurs, perſonne ne pourroit frauder les
droits, chacun étant intéreſſé à leur maintien.

Je crois que l'Etat touchant net le dixieme
du revenu du Royaume, ſeroit infiniment
plus floriſſant qu'aucun autre connu & à
connoître. Je ne parle pas des autres droits
à percevoir, je rends les diverſes claſſes d'aſſemblées entiérement libres d'aſſeoir les impôts & ſes divers genres.

On peut faire une eſtimation particuliere,
dans chaque diſtrict, du gain de tous les in-

dividus qui vivent du fruit de leurs labeurs;
estimer le montant de leur gain au bout de
l'année, & le particulier payeroit son dixieme net. Il faudroit ordonner à tout individu qui n'auroit aucun bien au soleil, de
déclarer son avoir, la nature de cet avoir,
sous de peines requises.

Il faudroit ordonner à tout banquier, receveur, &c. d'exhiber leurs livres de comptes
à des préposés de l'assemblée de département,
pour en faire mention, au besoin, à l'assemblée; alors toute sang-sue de l'Etat en
seroit bannie, comme les chevaliers d'in-
dustrie, &c. les agioteurs, &c.

Pour empêcher la fraude en tout genre,
on feroit connoître au public, par la voie
de l'impression, les procès - verbaux des
affaires traitées dans ces assemblées.

On pourroit en faire un journal au profit
de l'assemblée. Tous les mois on feroit paroître le résumé des opérations de toutes les
assemblées de département, dépendantes
d'une assemblée provinciale : les siennes y
seroient aussi insérées. Cet ouvrage deviendroit, par la suite, bien intéressant à
tous les citoyens, & même aux étrangers.
Les avis & les lumieres se communiqueroient,
en peu de temps, dans toutes les classes du
Royaume.

Je ne fuis pas d'avis que l'on faſſe, en ce moment, aucune ſuppreſſion que celles indiſpenſables ; on doit reſpecter la propriété de chacun , excepté celle qui eſt aux dépens du général. Toutes places achetées au gouvernement doit être rembourſée par lui, la nation doit le cautionner.

Moyen de réparer le Déficit.

J'OFFRE un moyen de réparer le déficit dans nos finances : d'abord les frais du gouvernement étant de beaucoup diminués , dans ſa totalité, par la nouvelle adminiſtration que je propoſe, on pourroit encore ſe ſervir de ce moyen ; on a vu ci-devant que je propoſe d'établir , dans chaque aſſemblée de département & celle provinciale, une caiſſe ou tréſor attaché à ceſdites aſſemblées.

Caiſſe d'eſcompte , ou Banque Nationale ; *le coffre ſeroit ſemblable aux boîtes aux lettres pour la grande poſte, il y auroit un trou aſſez grand pour y verſer l'argent à y mettre.*

Je voudrois que, dans chaque Hôtel-de-Ville, ou autre endroit où ſe tiendroit l'aſſemblée , il y ait , en un lieu fortifié &

arrangé en conféquence , un coffre deftiné
à renfermer le montant de toute la recette
de la dépendance. Il y auroit trois ferrures ,
& par conféquent trois clefs , que l'on donneroit en garde à trois perfonnes différentes :
l'une au Maire ou Commandant de la ville ,
la feconde au Tréforier , & la troifieme à
la perfonne nommée par l'affemblée elle-
même. Ces trois perfonnes donneroient ,
chacune , une caution , acceptée par fa
chambre d'affemblée.

Chaque mois, ces trois perfonnes feroient
enfemble un procès - verbal de l'état de la
caiffe , & , après avoir figné ledit procès-
verbal, le Tréforier le porteroit à l'affemblée
ou au comité qui la repréfenteroit , lequel
feroit toujours exiftant.

Le Receveur général de l'affemblée affi-
cheroit , tous les mois , un tableau de la
recette & de la dépenfe , avec la fpécification
détaillée du prévenant & de fon emploi.
Chaque tableau ne difparoîtroit que pour
faire place à un autre ; ce qui auroit lieu
tous les mois. Trois membres du comité ou
de l'affemblée figneroient ledit tableau. Ces
diverfes caiffes , auffi multipliées que les
diverfes affemblées, pourroient fervir à l'établiffement

blissement d'une banque nationale , d'une caisse d'escompte générale.

Les caisses ou trésors des assemblées provinciales seroient moins nombreuses , mais plus considérables en fonds que celles des assemblées de département , puisque chacune de ces dernieres seroit obligée de verser le tiers de leurs recettes dans celles supérieures , & chargée de faire les gros paiemens.

Pour en revenir à l'établissement de la banque nationale , désirée depuis si long-temps , & qui deviendroit une ressource infinie pour l'état ,

On commenceroit par établir purement & simplement les diverses classes d'assemblées , & tout ce qui en dépendroit.

Quand l'établissement seroit bien assuré & bien en train , & qu'on sauroit au juste le montant du numéraire contenu dans les diverses caisses , la Nation , par le ministere des assemblées , ses représentans feroient circuler, avec discrétion, dans le Royaume , une certaine quantité de papiers monoyés , avec lesquels la Nation , chargée de la dette de l'Etat , payeroit sans intérêt , chaque année , environ deux cents millions effectifs , avec ce papier-monnoie. Pour la sûreté publique

D

on enregiftreroit chaque numéro, on donneroit au prorata du marc la livre à chacun
des créanciers de l'Etat, de ce papier monoie,
lequel auroit cours dans le commerce & pour
le paiement des droits de l'Etat, chaque
billet retiré par les caiffes d'affemblée, au
bout d'un certain temps, feroit mentionné
dans les procès - verbaux des vifites defdites
caiffes ; & par la correfpondance mutuelle
des bureaux établis à cet effet, on pourroit
s'inftruire de la validité de fon billet : ce
feroit une banque générale auffi utile dans
le Royaume, qu'eft la caiffe d'efcompte à
Paris. La circulation croîtroit infiniment dans
le commerce. On pourroit y placer de l'argent
à un intérêt honnête, ce dont l'Etat répondroit.
Quand on auroit un paiement à faire d'un
bout du Royaume à l'autre, moyennant de
menus frais d'enregiftrement, & un mince
droit, dont le tarif feroit public, on feroit
fûr de faire circuler fon argent de la même
maniere que par la pofte. Le numéraire ne
fortiroit pas davantage du Royaume, puifque
les caiffes de recette feroient fi fort multipliées ; je fuppofe qu'on ne payeroit pas plus
de mille écus à-la-fois dans chaque bureau
inférieur, & dix mille livres dans ceux fupérieurs; j'entends pour des particuliers.

(51)

Il n'y auroit plus de tréfor royal, & unique pour tout le Royaume ; cet établissement seul coûte, autant par ses dépendances, que cent des autres caisses qui seroient divisées & réparties dans les provinces ; on payeroit toujours sur les lieux les créanciers de l'Etat. Quand une caisse seroit vuide, on auroit recours, sur-le-champ, aux voisines, & les plus abondantes les fourniroient, par le moyen des voitures publiques, qui seroient chargées de l'importation de l'argent à un taux convenu & modique, même que sur le pied du prix ordinaire du poids des marchandises, à tant du cent pesant.

ASSEMBLÉES PROVINCIALES.

Les assemblées provinciales ne changeroient pas de formation, elles resteroient toujours comme par le passé, c'est-à-dire, composées de quarante-huit membres, d'un greffier, d'un secrétaire & d'un trésorier.

Les membres qui les composeroient seroient librement choisis par les assemblées de département, & en seroient représentans : le mérite seul dicteroit le choix de ces personnes.

L'assemblée provinciale gouverneroit, en toutes ses parties, la province de sa dé-

D 2

pendance. Elle fe feroit aider par les a
femblées de département, fes fuffragante
Tous les ans le tiers de cette affemblée feroi
changé, enforte que la totalité feroit re
nouvellée tous les trois ans. Chaque membr
pourroit être continué, pour lors fon mérit
lui auroit procuré cet honneur.

Il feroit à défirer que le choix de fe
membres tombât fur des propriétaires ha
bitant la province, parce qu'on ne peut ap
peller de vrais patriotes que ceux qui fon
attachés, par leur fortune, au local qu'il
habitent, l'intérêt général étant lié à celu
perfonnel. Ce motif lui ferviroit d'aiguillon
de plus l'honneur, qualité qui diftingue l
plus le François, enfuite l'émulation, l'amou
de fa patrie.

Punition des Cabaleurs.

Je voudrois des punitions très-févèr
envers tous les cabaleurs, & même enver
ceux qui, les connoiffant, ne les auroien
pas dénoncés : *les cabaleurs ont plus d'un vie*
Il eft d'un état bien policé de les bannir d
la fociété.

Il eft inutile de répéter ici divers réglemer
faits pour la formation & l'exécution de
affemblées de département, ils peuvent êtr

appliqués aux affemblées provinciales. Le
fiége de ces affemblées provinciales pourroit être dans les palais préfens de juftice,
ou dans les hôtels-de-ville.

Faux préjugés fur le Luxe & grands apparats de
tous les établiffemens du Gouvernement.

Un exceffif défaut de notre gouvernement
préfent, eft d'avoir toujours donné, dans
de grands apparats, en décoration, en vains
ornemens, toujours aux dépens, non de ceux
qui en jouiffent, mais des pauvres malheureux, à qui on fe plaît à infpirer un vil
refpect envers les envahiffeurs & dépofitaires
de leurs fortunes, pour oppofer une barriere
plus grande entre les oppreffeurs & les vic-
times ; je voudrois que l'on fupprimât tout
luxe faftueux & inutile, toujours aux dépens
du peuple.

Les grands de la cour mettent fans ceffe,
en avant, qu'il faut, pour la décence &
foûtenir la dignité de leurs places, les combler
de graces, qu'ils envahiffent fous ce prétexte ;
ils femblent ne refpirer que pour chercher à
éblouir les yeux des miférables, par l'éclat
qui les environne, & dont ils fe couvrent.
Voilà cette dignité, voilà l'efprit qui a

toujours régné jufqu'ici , & qui a por
fon comble les vices du defpotifme ,
lequel nous gémiffions depuis fi long-ten
C'eft à préfent que nous en fommes déliv
que nous devons réformer les abus, a
liorer le fort du peuple, fur-tout le
indigent, & lui affurer, pour toujours,
bonheur folide & conftant.

Honneurs attachés aux Places.

Il feroit à défirer que toutes les pl
fuffent honorables, que par la fuite l'o
pût arriver aux plus élevées, fans avoir
cupé les fubalternes ; alors on feroit inf
des détails intéreffans & néceffaires
remplir dignement les places fupérieure
fi importantes.

Comme ces affemblées provinciales r
placeroient, par la fuite, les parleme
coloffe fantaftique & nuifible dans un
inftruit comme la France, leurs pala
juftice feroient métamorphofés en édi
utiles à la Nation, d'après les réglemens
par les affemblées provinciales.

Formation d'un Tribunal fuppléant au Parle

Comme à chaque affemblée de départem

il y auroit une jurifdiction locale attachée, (n'importe fa dénomination), afin de compofer une chambre refpectable & fupérieure de juftice, chacune de ces jurifdictions choifiroit librement un, deux ou trois membres (comme on voudroit le décider), dont la réunion formeroit cette chambre fupérieure de juftice. Elle feroit attachée à l'affemblée provinciale ; elle jugeroit les grands procès importans : leur jugement vaudroit bien ceux des parlemens.

J'ai toujours le même fentiment, que toute élection, toute proclamation fuffent toujours par des pairs. Je voudrois que ces tribunaux fupérieurs, créés par élections, fuffent fouverains ; mais que les affaires de grandes importances ne fuffent jugées qu'en préfence de toute l'affemblée provinciale réunie, & lors de la tenue de-leur féance. Il n'y faudroit aucun appareil ni fafte : la juftice doit être fimple, & jamais impofante.

Il faudroit que les plaignans, accufateurs & accufés, fe préfentaffent eux-mêmes devant cette efpèce de parlement ; que là, accompagnés, chacun de fix citoyens, leurs pairs, choifis par eux-mêmes, chacun débattroit fes raifons : les douze pairs des contendans réunis leur ferviroient d'avocats, les ju-

geroient , & l'affemblée confirmeroit le jugement : j'ofe croire qu'on fera obligé, un
jour , de rendre ainfi la juſtice.

D'abord on n'aura pas à craindre la préva-
rication, ou au moins la furprife de la con-
ſcience des juges; enfuite ce fera bien moins
coûteux , & pour l'Etat, & pour le particulier.

Il n'eſt pas poſſible de ſpécifier , au juſte,
le genre & la quantité de travail qui s'opé-
reroit dans cette claſſe d'affemblée provinciale.

Réglemens proviſoires.

Il faudroit , à ce ſujet, ne faire , d'ici à
quelque temps , que des réglemens pro-
viſoires , parce que ce n'eſt qu'avec le temps
& de l'expérience qu'on parvient à la perfection des choſes.

Cet article peut s'attribuer à toutes les
autres claſſes d'affemblées.

Tréſor ou Caiſſe de l'Affemblée Provinciale.

Le tréſor de cette affemblée feroit à l'inſtar
de ceux des affemblées de département ; avec
la différence qu'il feroit plus conſidérable,
puiſqu'il réuniroit à lui ſeul le tiers de ceux
des affemblées de département, les ſuffra-
gantes.

Ce tréfor ou cette caiffe feviroit à faire
les gros paiémens, décidés par l'affemblée
nationale, ou même, par celle provinciale; fi une de ces caiffes manquoit de
fonds, d'après la demande en forme des repréfentans de ladite affemblée, on en feroit
venir de quelques autres caiffes abondantes,
tout fimplement par les voitures publiques,
à qui on ne payeroit que le prix ordinaire
du poids de l'envoi; mais on prendroit des
précautions pour la fûreté de ces tranfports,
comme dans chaque ville, de fe faire garder
par les troupes nationales, depuis un endroit
à un autre. Ces frais font peu coûteux. Ces
tranfports feroient mentionnés dans les procès-
verbaux des deux affemblées, celle qui auroit
fourni, & celle qui auroit reçu.

Banque Nationale.

D'après ces diverfes caiffes partagées dans
toutes les affemblées provinciales & de département, on peut établir la banque nationale, dont j'ai parlé (mais en fimple
apperçu) dans l'article des affemblées de
département. Cette inftitution mérite une
extrême attention; je la regarde même comme
très-effentielle à la liquidation des dettes de

l'Etat. Cet article mérite un ouvrage particulier, avec de grands détails, ce que je ne
puis faire ici.

Mais ce que je désire ardemment, est
qu'on commence cet établissement ; le reste
ira de suite.

Boîte aux Avis, &c.

Je regarde nécessaire qu'il y ait une boîte
publique, comme pour celle des lettres ; laquelle serviroit pour faire tenir, sans émis-
saires quelconques, les requêtes, plaintes,
doléances, avis salutaires, &c. & adressés à
l'assemblée d'où dépendroit ladite boîte. A
l'ouverture de chaque séance, le Président
lui-même, accompagné du Greffier de l'assemblée, feroient, ensemble, une levée de
tous ces papiers, & les mentionneroient dans
la séance, & l'on y feroit droit suivant qu'il
y feroit décidé dans l'assemblée.

ASSEMBLÉE NATIONALE.

Cette assemblée feroit formée par la réunion de deux membres choisis librement par
chaque assemblée provinciale ; le choix de
ces deux membres pourroit être fait dans
toutes les classes des citoyens. Je ne fixe pas

le nombre de la totalité, parce que celui des
affemblées provinciales n'eft pas encore dé-
terminé, & c'eft leur qualité qui doit fixer
celle des membres conftituant l'affemblée
nationale. Cette chambre une fois formée,
il faudroit la partager en bureaux ou départe-
temens néceffaires à l'adminiftration générale
du Royaume.

Sauf meilleur avis; voici le partage que
je crois convenable, & que je propofe.

   1. Département ou bureau de la finance.
   2. De la guerre.
   3. De la marine & colonies.
   4. Des affaires étrangeres.
   5. De la police générale du Royaume.
   6. De la légiflation.
   7. De la maifon du Roi, des graces, &c.

Le Roi feroit toujours, en qualité de Préfident, à la tête de cette affemblée réunie.
Il pourroit même refufer les membres qui lui
feroient propofés dans fa compofition. Il feroit
à fouhaiter qu'il voulût fouvent affifter dans
les décifions & délibérations de chaque bureau, & fur-tout quand ils feroient réunis.

Ce feroit dans cette affemblée nationale,
dite Sénat-François, ou Confeil Suprême de
l'Etat, que le Roi choifiroit fes miniftres,

qui ne pourroient manquer de lui plaire, ayant la fanction de la Nation.

Dans toutes les opérations , foit de ces bureaux en particulier, foit de tous ceux réunis , il feroit convenable d'avoir l'attâche du Souverain.

Le Roi , il eft vrai , feroit borné dans fa puiffance ; mais celle de faire le mal. Cette perte ne peut être regrettée que par des tyrans. Dans un gouvernement entiérement defpotique , la vérité ne parvient que très-difficilement aux oreilles du Souverain , qui finit toujours par devenir l'efclave de fes courtifans , & le manteau de la tyrannie. Par le plan d'adminiftration que je propofe, le Roi & la Nation ne faifant qu'un , dirigés par le même efprit , ne pourroient manquer d'opérer le bien général , & de fe rendre réciproquement heureux par l'accord qui les uniroit.

Il n'eft pas poffible de régler , d'une maniere équitable , les droits & les prérogatives de cette affemblée fuprême. L'effentiel eft de la créer , puis auffi-tôt après former les bureaux indiqués ci-deffus : l'on verroit inceffamment en provenir le bien réel , général & particulier de la Nation.

Le Roi auroit le droit de nommer à toutes

les places du Royaume , excepté celles qui
conſtitueroient les diverſes claſſes d'aſſemblées , & celles de la juſtice.

Pour établir une loi , il faudroit la ſanction
du Monarque.

Il y auroit , pour cette aſſemblée nationale ,
une boîte comme aux deux autres claſſes d'aſſemblées , celles de départemens & celles provinciales , pour recevoir , du public inconnu ,
les plaintes , avis , &c. que l'on déſire communiquer à l'aſſemblée; on pourroit adopter ,
à cette aſſemblée , les mêmes réglemens (ceux
dont elle ſera ſuſceptible) qui ſeroient faits
pour les deux autres aſſemblées.

Les bureaux ſe tiendroient toute l'année ;
cette aſſemblée nationale ſeroit le Conſeil
du Roi , qui auroit cependant la liberté de
s'y choiſir un Conſeil Privé.

La reſponſabilité des miniſtres dépendroit
de cette aſſemblée.

Cette aſſemblée ſeroit l'organe du Roi &
de la Nation , leurs décrets ſeroient portés
aux autres aſſemblées gradativement , pour
être répartis où beſoin ſeroit.

Le Roi pourroit tenir , chez lui , à ſa volonté , tel bureau qui lui conviendroit ; tous
les memebres ſeroient à ſes ordres , mais leurs
déciſions ſeroient libres.

Réflexions sur les Impôts.

Je voudrois qu'avant d'apporter la moindre, innovation sur l'article des impôts, tels qu'ils font perçus jusqu'à ce moment, l'on commençât par faire le plus jufte & le plus exact relevé poffible de la dépenfe ordinaire, & une eftimation raifonnée & également équitable de la dépenfe extraordinaire de l'Etat en général ; on rendroit public tout ce qui feroit arrêté à cet égard, & fpécifié dans un tableau détaillé, afin de difpofer le peuple, toujours défiant, à aider aux opérations qui fuccéderoient à ce premier travail. Le fecond feroit, après la connoiffance parfaite, (facile à fe procurer moyennant le fecours des affemblées paroiffiales, &c. que j'ai propofé), qu'on auroit du cadaftre général des biens, & du dénombrement des individus du Royaume, de faire répartition fur chaque perfonne, & relativement à fon avoir. La maniere de prélever ces impôts eft facile à fuivre, d'après celle que j'ai donnée dans le courant de cet ouvrage, où il eft queftion des receveurs attachés aux affemblées paroiffiales. Chaque affemblée provinciale feroit chargée de la conduite de cette intéreffante opération, dans laquelle elle fe feroit aider

par les aſſemblées de département, qui, de
leur côté, feroient leur travail dans chaque
aſſemblée de paroiſſe ou de communauté.
C'eſt de l'accord provenant de la bonne compoſition, & de la parfaite adminiſtration de
ces diverſes aſſemblées que l'on pourra venir
à bout de perfectionner toutes les entrepriſes
tendantes au bonheur général & particulier
du Royaume. Les taxes & impoſitions feroient
faites dans chaque aſſemblée, en raiſon de
fon étendue, ſa population & les richeſſes
des habitans. Par exemple, ſi on ne faiſoit
attention qu'au nombre des habitans, & qu'on
taxât, à Paris, ceux du fauxbourg Saint-
Antoine comme ceux du fauxbourg Saint-
Germain, en raiſon de leur population réſ-
pective, ce feroit une injuſtice criante. Sa
richeſſe n'eſt pas en raiſon de la population
dans les deux quartiers. J'en reviens encore
à dire, que la meilleure maniere de s'y
prendre feroit, d'abord, de bien obſerver &
comparer les tableaux particuliers de dénombrement & de cadaſtres de chaque paroiſſe.
Que tout le monde, ſans aucune exception,
payeroit proportionellement, ſuivant fon
avoir. Le tableau comparatif & de répartition
de chaque paroiſſe étant ſoumis aux yeux
vigilans de ſes habitans co-intéreſſés, ne

pourroit manquer de devenir juſte. Le nombre des habitans & leur état de fortune y étant ſpécialement énoncés, leur eſtimation faite & arrêtée, le collecteur, homme de confiance de la paroiſſe, auroit un bureau, où chaque impoſé ſeroit obligé de porter le montant de ſon impoſition, fixée par l'aſſemblée, & marquée ſur le tableau expoſé, qu'il pourroit conſulter quand il voudroit.

Je ſerois d'avis qu'on perçût, en nature, les impôts qui en ſont ſuſceptibles, de la même maniere que l'on fait pour les dîmes. Leur levée ſeroit criée à l'enchere, à la porte de l'Egliſe, & le plus haut enchériſſeur fermier de cette impoſition ſeroit reſponſable, & fourniroit une caution pour ſon engagement. Ce fermier ſeroit obligé de porter lui-même, à ſes frais, le prix de ſon marché, dans le tréſor du département, où on lui en donneroit un reçu, qu'il feroit mentionner dans le tableau de la paroiſſe. Les autres impôts, exiſtans alors, ſe préleveroient comme à l'ordinaire. Chacun ſeroit obligé, à des termes fixés, de porter, au receveur, le montant de ſes impoſitions, droits, &c.

Il ſeroit néceſſaire, pour l'obſervation de cette loi, que chaque contrevenant fût puni d'une amende, en raiſon du temps d'attente qu'il

qu'il auroit mis à payer fon dû. Cela regarderoit la police des affemblées de paroiffes. J'appuye encore fur ce qu'il faudroit
que les taxes fe faffent par fortune, eftimée.
On ne peut faire le même réglement pour
tout le Royaume, ce feroit aux diverfes affemblées à agir en conféquence.

Il faudroit des punitions très - févéres à
toutes perfonnes qui auroient donné de faux
états de fa fortune; ce feroit un vol public.

Il feroit moins aifé qu'à préfent d'avoir,
en porte-feille, fa fortune entiere, ignorée
de tout le monde. Plufieurs caufes feroient
détruites ; l'agiotage, fléau du commerce,
& tombeau de la bonne foi. Enfuite, la
crainte des déprédations de la tyrannie du
gouvernement, qui infpiroit une défiance
générale, & occafionnoit des commerces il-
licites, &c. Par la fuite, au contraire, le
même efprit patriotique s'emparant de tous
les cœurs, la confiance publique étant ra-
menée, toutes les conduites étant éclairées,
perfonne ne pourra ni ne voudra cacher fa
fortune, par conféquent frauder ce qu'il doit
à l'Etat.

Voilà le réfultat de la bonne adminiftation
des diverfes claffes d'affemblées, que j'ai cru

E

devoir propofer pour le bonheur général & particulier de tout le Royaume.

RÉFLEXIONS fur l'état Militaire, fuivies d'un nouveau plan de conflitution à cet état.

TOUT le monde connoît la maniere dont on claffe les matelots; ces perfonnes, fi utiles à la navigation, ne font pas perdus pour l'Etat, quoiqu'au fervice, foit pour la marine royale, foit pour la marine marchande. Quand ils ont fini leurs campagnes, ils s'en retournent dans leurs foyers; là ils reprennent leurs occupations de citoyens. Leurs tempéramens fe refont au fein de leurs familles, auxquelles ils rendent les foins qui dépendent d'eux. Il n'en n'eft pas de même dans l'état de la guerre, foldats, cavaliers ou dragons, qui s'engagent pour huit ans, perdent, en partant pour joindre leurs drapeaux, tout fentiment d'attachement envers fa patrie; ils abandonnent, pour la plupart, fans peine, leurs familles; ils finiffent même, affez ordinairement par méprifer en eux leur qualité refpectable de bourgeois. Ils oublient qu'un bourgeois eft un citoyen, & qu'eux-mêmes l'ont été & le font encore. Dès en

arrivant à leurs corps, ils époufent le faux
efprit qui y regne ; ils deviennent oififs, par
état ; libertins, crapuleux, s'adonnent à
toutes fortes de défauts, le tout par oifiveté.
Pour devenir utiles à fa patrie, pendant un
ou deux ans, dans le courant de leur vie, ils
leur font à charge & même nuifible, le
refte du temps. Que l'on confidere la vie d'un
foldat à fa garnifon, ne fouffre-t-on pas de
le voir malheureux, par le régime qui lui
eft prefcrit, de n'être qu'un efclave, un inf-
trument paffif du defpotifme de fes chefs.
J'en aurois trop à dire, fi je voulois entrer
dans tous les détails, qui font frémir l'hu-
manité, dont cette vicieufe conftitution eft
remplie. Tout le monde en connoît, & fent
la majeure partie. Ceux qui pourroient y
apporter un changement heureux, foit par
crainte, foit par d'autres motifs intéreffés,
ne l'ofent pas. Comme ancien militaire, phi-
lofophe obfervateur & fenfible, je gémis
tous les jours fur l'affreufe conftitution, &
la trifte deftinée des foldats, plus à plaindre
qu'à blâmer. J'ai été à même d'obferver le
genre de vie, le travail des matelots, &
d'en faire la comparaifon avec ceux des
foldats : j'avoue que l'état de marin, pris au
phyfique, eft pire que celui des guerriers de

terre ; mais on ne peut nier que l'efpérance
qu'ont ces derniers, de revoir leurs dieux
pénates, d'y jouir de leur liberté, de pouvoir fe délaffer, dans les bras de leurs familles,
de toutes fes fatigues, qu'ils y ont bientôt
oublié : tout cela a fes charmes.|

Le matelot eft guerrier & foldat quand il
le faut, & ne le cède point, en bravoure,
à perfonne ; le foldat n'eft pas matelot. On
voit peu de matelots déferter, fuir, &
combattre même fa patrie : on n'en peut
pas dire autant des foldats. Le matelot eft
attaché à fa famille, à des fentimens patriotiques ; il fe rend utile à la patrie de toutes
les manieres. Prefque tous font mariés ; ils
tiennent à l'Etat par les liens du fang ; ils
font citoyens, ce que ne font pas les foldats.

Il faut des troupes, des défenfeurs de la
Patrie, à l'inftar des puiffances voifines. Par
le plan que je propofe je prétends tripler,
au moins, le nombre du militaire en France,
en diminuant tant les dépenfes exiftantes,
qu'en confervant les hommes, leur tempé-
rament & leur utilité civile.

Les troupes feroient compofées de citoyens
vertueux, honnêtes, véritables, folides &
robuftes défenfeurs de la patrie. Par le fyftême
actuel, le foldat eft ennemi non - feulement

de ceux de l'Etat, mais encore des citoyens.
Par-tout on le redoute, non fans raifon. Il
eft regardé comme cruel & féroce, parce
que ne tenant à rien, il ne refpecte que fa
volonté & la crainte qui le fait agir. Depuis
l'âge de feize ans, pour l'ordinaire, qu'on
l'engage (plus par furprife qu'autrement)
jufqu'au moment de fon congé abfolu, où
il fe retire, qu'à-t-il appris ? L'exercice, &
encore fi machinalement, que quand l'ha-
bitude en eft interrompue quinze jours, il
l'a oublié. Il eft vrai qu'on peut reprocher à
nos chefs militaires, que rien n'a été ftable
dans leurs ordonnances. La frivolle fcience
de l'exercice change non-feulement à chaque
renouvellement de miniftre, mais même
fuivant la volonté d'un jeune colonel, de
ces faifeurs à la mode, ces guerriers de paix,
dont la dureté, l'extrême févérité, & non
la juftice, tiennent lieu de connoiffance de
leur état. Voilà cependant, pour obtenir des
graces, le meilleur moyen employé jufqu'ici.
Le nombre des matelots monte à plus de
quatre-vingt mille, qui font tous claffés ; à
mefure que le fervice du Roi en a befoin,
on les mande tour-à-tour. On fait qu'il y a
une infinité d'abus dans l'adminiftration de

cette partie; l'intérêt & les préférences les
caufent, il eft aifé de les corriger.

On compte, en France, de vingt-quatre
à vingt-cinq millions d'ames. Ce Royaume
pourroit en fournir un million en état de le
défendre. La dépenfe, à cet égard, feroit
bien moindre (dans le fait) que celle qui
exifte à préfent. Pour y parvenir, je voudrois
que ce fût comme en Pruffe, que tout citoyen; en naiffant, dût quatre années de
fa vie au fervice de l'Etat; qu'il n'y eût aucune exemption pour perfonne; que l'on ne
pût contracter aucun engagement quelconque
avant d'avoir fatisfait à fa dette envers l'Etat,
foit perfonnellement, foit en argent. On ne
veut aujourd'hui, on ne connoît que des milices bourgeoifes; pour en faire des bons militaires; il faut les inftruire. A cet effet je
voudrois qu'on répartît tous les vieux foldats
invalides & autres chacun en fon village; ils
deviendroient maîtres d'exercice, & ils leur
apprendroient la difcipline & la fcience militaire, fi néceffaire à la défenfe & à la confervation de la patrie; les enfans, toujours
finges des grandes perfonnes, prendroient
peu-à-peu l'efprit patriotique & militaire;
mais fans abandonner, pour cela, le métier
de leur pere. Dans chaque paroiffe, après

les offices, on s'exerceroit au maniment des armes, & à toutes fortes d'évolutions. Pour cela on formeroit des compagnies dans chaque village, elles feroient plus ou moins fortes, fuivant le nombre des habitans. Ces exercices & évolutions deviendroient une occupation utile, un jeu & un amufement. Comme les affemblées paroiffiales auroient infpection fur ces compagnies, elles les contiendroient dans les bornes de l'obéiffance, & les feroient fervir au befoin du canton.

Un certain nombre de village compoferoit un régiment, qui prendroit le nom de la ville ou du chef-lieu du canton. Il faudroit diftinguer chaque régiment par un uniforme; chaque affemblée de département auroit inf-pection fur les régimens de fon diftrict, alors on différencieroit les troupes par le nom du département; chaque affemblée provinciale auroit également infpection fur les troupes de fa province, dont la réunion en porteroit le nom. Il eft aifé de voir, par cet apperçu, que le miniftere de la guerre feroit confi-dérable, cependant bien aifé à diriger.

Pour fournir aux villes de garnifon on pourroit fe fervir, en ce moment, des troupes exiftantes, le furplus feroit réparti dans toutes les provinces, départemens &

E 4

villages, pour y faire le service de détail,
& mettre tous les apprentifs en activité. La
formation n'est pas difficile à faire, main-
tenant que toutes les troupes se débandent
pour la plupart, & qu'elles sont inutiles par
leur insubordination actuelle ; par-tout on
forme de milices bourgeoises ; c'est entrer
dans les vues, les désirs de la Nation, que
former cette nouvelle institution militaire.

J'entends que tous les citoyens, dans leur
quatre années de service dû, ou celui qu'ils
feroient à la patrie, ne seroit pas compté,
le temps qu'ils passeroient chez eux, employé
dans son canton, pour le maintien de la
police, le service civil de la province ; on
ne compteroit que le service fait dans une
garnison ou dans une campagne militaire.
Les avancemens en grade, les récompenses
ne seroient accordés qu'au mérite.

Ces troupes seroient appellées citoyennes.
Je voudrois que la désertion fût punie très-
sévèrement, & portât infamie. Je désirerois
aussi qu'un sujet qui voudroit changer de
pays, ne le pût faire que moyennant la permission de ses chefs, & une attestation satis-
faisante des notables de son village, légalisée
par un membre de l'assemblée de son département : le service de la police & de la

maréchauffée feroit fait par ces troupes citoyennes.

Les perfonnes de diftinction , à mérite
égal , auroit la préférence fur les autres af-
pirans , aux places fupérieures.

Malgré que tous les citoyens feroient obligés de faire le fervice, il n'y en auroit qu'un
certain nombre convenu qui feroit enrégi-
menté & habillé uniformément ; le refte
ne feroit regardé que comme milice bour-
geoife , habillé à leur volonté. Comme par
mon plan , fur la nouvelle adminiftration ,
l'aifance feroit plus communément répandue
par tout le Royaume , les impofitions fe
trouvant de beaucoup diminuées , chaque
payfan pourroit fe vêtir à-peu-près uniformément, comme il feroit convenu. Au refte
le Gouvernement y pourvoiroit.

Quant aux armemens néceffaires aux gens
en fervice, on feroit un relevé de tous les
citoyens en état de porter les armes , on
répartiroit, entr'eux, un certain nombre de
fufils, qu'on leur délivreroit quand ils feroient de fervice. Ce moment-là fini , les
armes feroient reportées dans un corps-de-
garde fait exprès , ou dans un autre endroit
convenu. Il y auroit toujours un gardien ,
dont la fidélité feroit reconnue , & qui auroit

foin defdites armes. Il faudroit que toute perfonne qui recevroit une arme d'un autre (au relevé des gardes) fît conftater , par un témoin, la qualité de ladite arme, fans quoi la réparation à faire feroit aux dépens de celui qui l'auroit reçue.

Pour compofer des armées , en cas de guerre , &c. , on feroit une levée de foldats, comme on fait des matelots. Au lieu d'être faites par des commiffaires ufités jufqu'à préfent , ce feroit des membres de l'aflemblée de département, ceux chargés de cette partie, qui leveroient le nombre néceffaire dans les divers villages de leurs départemens. On emploiroit, de préférence, les gens de bonne volonté , & , après eux, les plus anciens employés. Je voudrois que ce fût à tour de rôle. Tous ces foldats , continuellement exercés, feroient en état de faire la guerre , au moins auffi-bien que nos troupes. D'abord, ils feroient plus fains & plus robuftes; de plus, ils feroient animés par l'amour de la patrie , ce que ne font point nos troupes actuelles.

Quand ces nouvelles troupes feroient en campagne , on les défrayeroit de toutes dépenfes ; & , à leur retour chez elles, on les gratifieroit autant qu'elles l'auroient méritées. Je n'ai pas prétendu faire un ouvrage entier fur la compofition militaire, ni entrer dans tous les détails qui en dépendent; je n'ai fait qu'offrir mes idées. Celles-ci ne font que fuccintes, je defire qu'elles en puiffent faire naître d'autres plus heureufes, qui rendiffent la paix & le bonheur de ma patrie, qui en a fi grand befoin.

RÉFLEXIONS fur la mendicité, & moyen que je propofe pour l'abolir.

BIEN des perfonnes connoiffent un certain arrangement, toléré dans les temps, qui a exifté bien des années en France : il a lieu encore en Angleterre; c'eft l'établiffement connu fous la dénomination des trente-fix mois.

Quand on a établi nos Colonies de l'Amérique, beaucoup de malheureux, dénués de toutes reffources, réduits à la derniere mifere, s'engageoient pour l'efpace de trois ans, en qualité d'efclaves de ceux qui payoient leur paffage en Amérique; les entretenoient l'efpace de ces trois ans, terme ordinaire de leurs engagemens, à la charge d'être employés à toutes fortes de travaux, aux profits de leurs maîtres. Au bout de ce temps, ils redevenoient libres, & travailloient pour leur compte

perſonnel. Je conviens qu'il s'y eſt commis
beaucoup d'abus. Ce ne doit pas paroître
étonnant ; l'éloignement des lieux en a dérobé
la connoiſſance aſſez à tems pour ne pouvoir y
remédier que bien des années après. Il exiſte
encore dans nos îles de l'Amérique quelques
deſcendans de ces malheureux qui ont fait
depuis des fortunes brillantes. Les mal-inten-
tionnés les appellent, par dériſion, des trente-
ſix mois. Ce ſont à eux , en grande partie, que
nous devons l'établiſſement de nos Colonies
de l'Amérique.

Je propoſe que , ſous les yeux vigilans &
intéreſſés au bien du gouvernement patriotique , que nous eſpérons bientôt avoir, il ſe
formât une ou pluſieurs compagnies , qui
accueilleroient tous les pauvres en général ; les
nourriroient, & en auroient un ſoin paternel :
mais ces compagnies jouiroient d'une partie
du fruit de leurs travaux. Cet établiſſement
ſeroit ſous l'inſpection des diverſes aſſemblées
patriotiques du royaume , chacune dans ſon
canton reſpectif.

Tout ouvrier , manœuvre , &c. dans la
miſere, muni d'un certificat de ſon curé &
d'un notable de ſa paroiſſe , pourroit prendre
un engagement pour un , deux ou trois ans ,
dans l'attelier de ſon canton. Le bénéfice qu'il

procureroit à la compagnie, par le produit
de ses travaux, la dédommageroit des pertes,
avances, qu'elle auroit faites à ses dépens,
envers les malheureux hors d'état de rien
gagner, & qui leur deviendroit à charge.
La fondation des Enfans-Trouvés, témoignage
vivant de la foiblesse humaine, dépendroit
aussi de cette compagnie. La Société Philan-
tropique, institution si honorable à l'huma+
nité, devroit se mettre à la tête de cette compagnie.

Je voudrois que ces ouvriers, & autres
engagés, fussent soumis à une certaine disci-
pline, à-peu-près semblable à celle militaire;
qu'ils fussent divisés par compagnie & par
classes, suivant la nature & le genre de leurs
talens. Chaque assemblée provinciale & de
département auroit, à leurs ordres, une certaine quantité de ces compagnies, mais composées des gens de leurs districts. On répartiroit ensuite ces divers ouvriers dans le canton de l'administration, où il en seroit besoin.

Toute personne, surprise à mendier par pa-
resse ou fainéantise, seroit engagée par force
dans ces sortes d'atteliers publics, avec un
moindre salaire que les autres. On devroit se
convaincre de cette vérité, que l'oisiveté en-
gendre tous les vices; c'est pourquoi on ne

doit jamais faire de grace aux pareſſeux & aux fainéans. Il feroit fait , en conféquence , un réglement fage que les diverſes Aſſemblées feroient obſerver très-ſcrupuleuſement.

Je crois qu'il feroit plus convenable que les diverſes Aſſemblées fuſſent entiérement char-gées de cette adminiſtration plutôt que des compagnies. Nous n'avons que trop de fu-neſtes preuves de leur avidité, âpreté, & qu'ils font toujours prêts à tout ſacrifier à leurs intérêts. Cet établiſſement eſt trop important pour le négliger. Si le bruit qui court ſur la ſuppreſſion prochaine de pluſieurs maiſons religieuſes venoit à ſe réaliſer, on ne pourroit pas faire un meilleur emploi de leurs maiſons, que de les deſtiner à de pareils établiſſemens. Comme le corps nombreux de ces mendians & autres miſérables feroit diviſé par compa-gnie, on pourroit les répartir dans ces diverſes maiſons religieuſes (1).

---

(1) On devroit conferver la majeure partie de ces maiſons religieuſes , pour d'autres établiſſemens auſſi utiles , comme des maiſons d'éducation pour les deux ſexes. Des maiſons de charité ou des hôpitaux ; les unes , deſervies par des freres de la charité ; & d'autres , par les ſœurs, auſſi de la charité ; enfin des maiſons d'édification , de retraite, pour des perſonnes de tout état, dégoûtées du monde, & réſolues de paſſer leur vie dans la tran-quillité & dans la ſolitude.

Ces ouvriers pourroient être employés en atteliers, & séparément ; on les emploieroit aux travaux publics & particuliers de la Nation. Ils serviroient, comme faisoit autrefois le régiment de la Pioche. Chaque particulier, seigneur ou autre simple citoyen, qui auroit besoin de leur secours, iroient au magasin général, ou à celui de son canton ; là, il choisiroit les ouvriers qui lui conviendroient, moyennant le prix taxé & connu.

Aucun ouvrier ne pourroit travailler dans une autre province que dans la sienne, sans une permission par écrit des Chefs de l'administration. Un vice réel de la part de notre gouvernement actuel, est que bien des provinces manquent de bien pour ses travaux, & d'autres voisines en ont de trop.

Le prix de tout ouvrier, homme, femme ou enfant, seroit taxé. Il y auroit dans chaque ville un bureau formé à cet effet.

Tout ouvrier qui voudroit quitter, soit tout-à-fait, soit en congé, seroit obligé ou de payer l'estimation du reste de leurs engagemens, ou de donner une caution, pour subvenir aux frais primitifs, qui ne doivent jamais être au détriment de l'institution.

Il y auroit encore bien d'autres articles à

Ajouter, mais je laiſſe à des plumes plus ſavantes
& plns exercées que la mienne, le plaiſir
de traiter cette matiere comme il conviendroit
qu'elle le fût.

www.ingramcontent.com/pod-product-compliance
Lightning Source LLC
Chambersburg PA
CBHW070910280326
41934CB00008B/1666